Apaise ton cœur et fleuris ton âme

Apaise ton cœur et fleuris ton âme

Tendresse et bienveillance

Lilya B.F

EDITIONS AKHAWATES

ISBN : 978-2-494885-00-4 EAN : 9782494885004

ISBN Amazon : 979-8594895133

Imprimeur : Amazon

2021 texte, 2023 publication avec maison d'édition.

editionsakhawates@gmail.com

À toutes les personnes qui souffrent en silence.
Il y a des silences muets, mais il y a aussi des silences qui crient…

À travers ce livre, tu découvriras mon témoignage, mais pas que…

J'ai tenu à partager avec toi deux poèmes que j'ai écrits lors d'une période assez sombre de ma vie.

À la suite de ceux-ci, quelques témoignages de petits cœurs meurtris appartenant à des personnes à des stades différents du chemin de la guérison et de l'apaisement. Cela, dans le but de te donner un peu d'espoir, te prouver que tu n'es pas seule et que tout le monde peut s'en sortir. Il t'incombe également de ne pas oublier que ces conseils ne sont que des moyens qui doivent être accompagnés d'une grande confiance en notre Seigneur.

Sur ces quelques mots, laisse-moi te souhaiter, ma douce sœur, une excellente lecture…

(Un appel à l'aide est inutile, car m'écouter serait trop difficile.)

Voici la phrase que je ne cessais de me répéter et qui a fini par me terrasser.

Tu dois probablement te demander qui je suis ?

Sache que je suis tout simplement comme toi. Un être humain, une âme qui aspire au bonheur et à la liberté. Liberté de quoi ? Celle de soi, celle de ses propres pensées néfastes, de ses émotions négatives, de ses ruminations... Celles qui sont trop fortes, mais aussi celles qui te bouleversent et finissent par te dominer.

Liberté de ces jugements qui s'imposent à toi, de ces codes et de ces cases que « tu es censée respecter ».

À l'heure actuelle, j'ai réussi à m'affranchir de certains de ces points et je compte bien te raconter mon cheminement afin qu'à ton tour, tu puisses entreprendre le tien.

Le déclic

= prise de conscience, compréhension soudaine.

Ma vie aurait dû débuter le jour où je suis née. Et pourtant, c'est seulement vingt ans après que ce fut le cas. Avant « le déclic », j'étais une femme dévouée au monde entier. Je donnais énormément de ma personne jusqu'à épuisement et sans aucune volonté de recevoir en retour. J'étais le genre de femme qui « aime trop ». Celle qui se donne corps et âme aux siens, sans hésitation et sans aucune réflexion. J'étais ce genre de femme que l'on qualifie de « trop gentille », « naïve » et « innocente ».

De nos jours, ces qualités peuvent vite se transformer en cauchemars, car beaucoup en profitent à de mauvaises fins et cela m'a porté préjudice de nombreuses fois... Cependant, cela ne m'a pas dérangée tant que ça, car le bonheur des autres faisait le mien et c'était amplement suffisant. Je ne cessais de me remettre en question constamment pour un rien. Je veillais à ce que l'on porte toujours un jugement positif à mon égard. Autrement, c'était le drame ! Je ne me posais pas les bonnes questions. Je ne me préoccupais aucunement de ce que je ressentais, de ce que je pensais, de ce que j'aimais, de ce que je voulais. Tout ce qui importait à mes yeux, c'était que les autres (mes proches) se sentent bien dans leur vie et que j'apporte une pierre à l'édifice.

Très à l'écoute et trop peu écoutée, je ne parlais jamais de ce qu'il se passait en moi car moi-même, je ne m'écoutais pas.

Le « moi » était totalement insignifiant et inexistant.

J'en suis venue à dépendre des autres émotionnellement jusqu'à assumer leurs erreurs à leur place. Je pense que le pire dans tout ça, c'est que je n'en avais pas du tout conscience car c'était devenu « normal » pour moi. Je suis arrivée au point où lorsqu'on me blessait, j'estimais que c'était de ma faute, que j'étais la cause de ce qu'il m'arrivait et par conséquent, que c'était mérité. C'est pour cela que le retour à la réalité m'a fait très mal. Mais cela, on le verra plus tard. Je pense qu'il y a une part d'ignorance qui n'est pas totalement de ma responsabilité, car je n'ai jamais été sensibilisée à la question de l'affranchissement du regard de l'autre, à la manipulation psychologique ou encore, à la quête de soi. Tout ce qui relevait de ma personne était exclu de mes réflexions puisque je n'ai pas eu l'occasion d'en être informée afin d'en discuter et d'y réfléchir. Sur ce point, je trouve que l'école manque beaucoup de pédagogie concernant l'enfant, car dès le plus jeune âge, on aurait dû initier certains à ces points fondamentaux qui sont indispensables à notre développement. L'éducation ne se fait pas seulement à la maison, mais aussi à l'école. Je tenais à te faire savoir qu'avant « le déclic », j'étais très entourée, c'est-à-dire de nombreuses connaissances et amies. Avec le temps, c'est devenu tout autre...

Le jour où j'ai eu le fameux « déclic » était un soir durant lequel je rentrais de l'université. J'étais dans le bus, les yeux dans le vide et la tête contre la vitre. Je ne pensais à rien comme d'habitude, sauf que cette fois-ci, en quelques secondes, une série d'événements qui se sont produits dans ma vie m'a éclaté au visage. Des événements que j'avais tenté d'oublier, au point de me demander s'ils avaient vraiment existé.

Au fil des années et afin d'avancer, j'ai pris la décision de rester dans le déni concernant ces divers « événements » qui m'ont profondément fait souffrir. Mais comme toute bonne chose a une fin, tu t'en doutes, ce déni s'est manifesté à moi ce soir-là, dans le bus. Et là, c'était le début du cauchemar. Je ne dormais plus la nuit. Je ne cessais de ressasser encore et encore tout ce que je voulais oublier. Entre regrets et remords, je ne m'en sortais plus. Je pleurais quasiment tous les soirs, car je ne comprenais pas comment j'avais pu être aussi stoïque et indifférente face à tout cela. Avant d'en vouloir aux autres, aux blessures qu'ils m'avaient infligées et à la douleur que cela avait causé, c'est à moi que j'en voulais le plus car ne rien dire, c'était accepter.

Au départ, j'éprouvais une profonde colère envers moi-même qui progressivement, s'est transformée en haine. Je ne me supportais plus. Me regarder dans le miroir m'était insupportable. Le manque de réaction et d'estime dont j'avais fait preuve envers ma propre personne me révoltait. Chaque jour qui passait, je coulais, de plus en plus.

Tu veux que je te dise ce qui m'a enfoncée ? C'est de tout garder en moi. Il m'était impossible d'en parler à qui que ce soit, car ce n'est pas dans ma nature de communiquer mes émotions étant donné que je suis l'oreille qui écoute et non la bouche qui parle.

Les larmes qui coulaient la nuit ont commencé à couler le jour. Avant et après les cours. Lors des trajets. Dans les transports en commun... Tout cela, dans l'ignorance totale de ceux qui m'entouraient. Ma famille n'en savait rien. Je suis tombée dans une profonde dépression et personne n'était au courant car je devais faire semblant d'aller bien afin qu'ils ne se doutent de rien. Quelle contradiction ! Le fait qu'ils ne se rendent compte de rien me blessait davantage, car j'estimais qu'il y avait des signes qui ne trompaient pas et personne n'a été capable de les discerner.

À ce moment-là, j'ai ressenti que l'importance et l'attention que j'accordais aux autres n'étaient pas réciproques. De plus, l'image de femme forte que je m'étais imposée, qui ne recule face à rien et qui ne baisse jamais les bras, ne m'aidait pas. D'autant plus que cette même image de la femme courageuse qu'avaient mes proches, ne pouvait être autre. J'estimais que pleurer était synonyme de faiblesse. Alors, être en dépression, c'était le summum de la vulnérabilité.

Hors de question pour moi d'en faire part à qui que ce soit. Ne serait-ce que d'éveiller des soupçons sur ma santé psychologique était impensable. C'est à ce moment-là que j'ai commencé à me sentir seule, très seule, désemparée et perdue.

Beaucoup d'émotions se bousculaient. À côté de cela, je me sentais à moitié pleine et à moitié vide. Il n'y avait aucun juste milieu. Je n'arrivais pas à comprendre ce qu'il se passait. Cette incompréhension a déclenché des minis crises d'angoisse. La nuit, il m'arrivait souvent d'avoir le souffle coupé, de trembler ou d'avoir des spasmes du sanglot. C'était difficile de les contrôler. De ce fait, je redoutais ce moment. J'avais terriblement besoin d'aide, mais je ne savais pas comment le communiquer, et surtout à qui.

Le coup de grâce fut lorsque je me suis rendu compte que je n'avais jamais été réellement heureuse car mon bonheur, pas celui des autres, le MIEN, n'existait pas et n'avait jamais existé. Le bonheur dans lequel je pensais être était une pure illusion. Et cela, je n'arrivais pas à me le pardonner ni à l'accepter. Je venais de comprendre que j'avais passé la quasi-totalité de ma vie à être coupée de ma personne, à ne m'être pratiquement jamais écoutée.

Tu sais, à ce moment de mon existence, j'étais très entourée, et pourtant, je me sentais extrêmement seule. Aucune compagnie ne m'était profondément bénéfique. Aucune n'a pu apaiser mon cœur parce qu'aucune ne pouvait me comprendre. Bien au contraire, lorsque j'étais accompagnée, je me sentais à l'écart et incomprise. Tout ce dont j'avais hâte, c'était de me retrouver seule et pourtant, cette même solitude me faisait souffrir.

Le peu de fois où je m'étais exprimée, je ne me sentais pas réellement écoutée. À partir de ce moment, ce fut le renfermement total. Une mauvaise expérience aura suffi pour que je décide de ne plus jamais m'ouvrir à qui que ce soit puisqu'en face, personne n'était capable de m'écouter. J'ai eu ma part de responsabilité car je n'ai pas su m'ouvrir aux bonnes personnes. J'ai compris qu'il y en avait certaines qui n'avaient pas cette faculté d'écoute pour écouter, mais ils possédaient plutôt celle d'écouter pour répondre. À cet instant, tout ce dont j'avais besoin était d'être entendue afin de me vider de ce poids énorme qui m'étouffait et non d'attiser la peine et la pitié à travers des mots vagabonds qui tentaient un semblant de réconfort. L'anxiété, le stress, l'angoisse et la frustration faisaient totalement partie de mon quotidien. Je ne respirais littéralement plus. Je suffoquais constamment car le poids de mon cœur devenait trop imposant, trop lourd à porter…

Écrire, parler, pleurer, je n'y arrive plus.
J'ai mal à la vie, mal au cœur en repensant à tout ça.
Comment ai-je pu refouler cette femme meurtrie qui somnolait en moi ?
Perdue dans un nuage de brouillard, je survis.
La vie a un goût amer que je n'arrive pas à surpasser.
J'essaie de m'échapper de moi-même,
Sans cesse et sans succès.
J'ai mal, tant mal que mes maux ne cessent de se développer.
Et aucun mot ne pourrait te le raconter.
Un soir de plus où la tristesse me gagne,
Ces larmes salées en ont marre de couler.

Personne ne peut répondre à un SOS enfoui dans le déchirement de mon cœur.
Je dois me sauver, m'échapper de ce tourbillon de malheur.
Nul ne peut comprendre cette douleur qui ne cesse de me consumer.
Le temps n'arrange pas les choses qui ne cessent d'empirer.
Le vide et le néant prennent place lorsque la tempête finit de me ravager.
Est-ce mieux ainsi ?
Peut-être bien que oui.
Petite fille destinée à finir seule
À la tombée de la nuit.

Entre espoir et volonté

= fait d'espérer, d'attendre avec confiance la réalisation de quelque chose.

= disposition de caractère qui porte à prendre des décisions avec fermeté et à les conduire à leur terme sans faiblesse, en surmontant tous les obstacles.

L'espoir. Qu'est-ce que l'espoir ? Je t'avoue que je l'avais totalement exclu de ma vie. Plus les semaines passaient et plus le trou béant que renfermait mon cœur s'élargissait. J'ai fini par me persuader que le bonheur ne voulait pas de moi et que jamais je n'y goûterai. Je m'étais faite à cette idée-là. Avoir de l'espoir me faisait davantage de mal. Cependant, comme tu le sais, l'être humain est en lutte constante avec lui-même. Je ne cessais de me combattre chaque jour, chaque minute, chaque seconde, pour ne pas baisser les bras et garder la foi.

J'ai dû persévérer, dépenser beaucoup d'énergie et de motivation pour sortir de cette mauvaise phase. La première chose à garder en tête, c'est que tout est question de V.O.L.O.N.T.É. Lorsque l'on désire quelque chose et que l'on met tout en œuvre pour l'obtenir, on finit un jour ou l'autre par réussir. Certes, cela prend du temps. On accumule les déceptions et les découragements, mais il faut continuer à se battre car la vie est une lutte sans cesse et derrière chaque effort, se trouve une récompense. C'est en faisant preuve de patience qu'on le découvre. Cette persévérance est à la portée de tous. C'est le courage que chacun possède qui fait la différence.

La première erreur que j'ai faite, c'est d'organiser mon emploi du temps de sorte que je passe moins de temps avec moi-même. Autrement dit, avec mes pensées parasites. L'objectif était de m'évader, d'occuper constamment mon esprit. J'ai commencé à entreprendre énormément de choses. J'ai jonglé entre plusieurs associations et je m'occupais d'un enfant dont j'avais la charge. Je me suis aussi tournée vers le culturel. Chaque semaine, je visitais un musée différent et j'assistais à plusieurs conférences. Tout cela, en parallèle avec les cours à l'université.

J'étais totalement overbookée. Je ne m'accordais pas de temps la journée. Mais la nuit, lorsque j'étais dans mon lit, seule sans distraction, cela repartait de plus belle. Les ruminations me tuaient à petit feu. Je n'avais plus d'énergie. J'en étais arrivée à l'épuisement physique et psychologique.

La deuxième erreur que j'ai commise a été de me plonger dans les problèmes d'autrui pour les aider à les résoudre au lieu de me concentrer sur les miens. Je voulais tellement oublier et faire abstraction de ce qu'il se passait en moi que j'investissais toute mon énergie et mon temps à aider les autres plutôt que ma propre personne. Je pensais qu'être utile aux autres me faisait du bien. Que pouvoir apporter un certain apaisement, que moi-même je n'avais pas, était une bonne chose. Encore une fois, le bonheur des autres créait le mien. Jusqu'au moment où je me suis sentie submergée, comme si j'étais au fond de l'océan et que je n'arrivais plus à remonter. Cela en devenait épuisant mentalement.

Il fallait que je sorte de tout cela pour m'occuper de moi. J'ai compris que pour guérir, il ne fallait pas s'intéresser aux problèmes des autres uniquement pour éviter les siens.

Cette période n'a pas duré longtemps. Figure-toi que j'ai appris de mes erreurs et que je me suis tournée vers quelque chose que j'ai toujours aimé : la lecture. Lire m'a toujours apporté un certain apaisement, un certain réconfort. C'est à ce moment-là que j'ai saisi l'importance de la découverte personnelle. Apprendre à se connaître, apprendre à s'aimer, mais surtout, apprendre à s'écouter. De plus, notre noble religion nous invite à méditer sur nos personnes, nos manquements et à agir pour sortir de situations qui sont parfois pénibles et douloureuses à vivre.

Lire m'a permis de me retrouver, mais aussi de mettre des mots sur mes maux. J'ai commencé à me poser toutes les questions qu'il fallait : qui suis-je ? Qu'est-ce que je veux ? Qu'est-ce que j'aime ? À quoi est-ce que j'aspire ? Qu'est-ce qui me fait réellement du bien ? Qu'est-ce qui me rend heureuse ? Pourquoi ai-je mal ? Qu'est-ce qui me fait mal ? De quoi ai-je peur ? Pourquoi ai-je peur ? Pourquoi est-ce que je ressens ça ? Ainsi de suite... Et de cette façon, j'ai entrepris le chemin vers la connaissance de moi-même tout en restant en accord avec les nobles principes que notre religion nous enseigne.

J'ai compris que la qualité de ma vie dépendait des questions que je me posais. Finalement, voilà toute l'importance de se poser les bonnes questions.

Par le biais de certains livres, j'ai appris que quasiment toutes nos peurs, pour ma part celle de l'abandon et du rejet, proviennent de l'enfance et peuvent même commencer plus tôt. J'ai finalement compris d'où me venaient ces peurs. J'ai questionné mon entourage et j'ai eu des réponses. Nos parents ne s'en rendent peut-être pas compte, mais ils jouent un très grand rôle concernant notre développement psychologique dès le moment de notre création, car un bébé ressent et partage tout avec sa maman. Je tiens à ce que tu prennes conscience de la responsabilité que l'on a en tant que parent. Tu dois veiller au bien-être psychologique de ton enfant dès lors qu'il se trouve dans le ventre. Ne néglige rien car chaque détail a son importance. À la suite de ce livre, j'ai pris la décision d'affronter profondément ce qui clochait, en ne reculant pas, sans me cacher de moi-même.

Un autre livre m'a également permis d'identifier les blessures profondes que j'avais au fond de moi. Certaines blessures trop profondes et beaucoup trop enfouies ont besoin d'être guéries afin de pouvoir avancer. Parce que bien souvent, l'attachement au passé ne comporte aucun bien. En lisant, cela m'a confirmé que nombre de ces blessures qui s'ancrent en nous de manière inconsciente remontent à l'enfance.

Afin de protéger nos blessures, nous portons un masque en guise de « bouclier ». Pour pouvoir avancer, il faut être capable d'identifier ses blessures et de les comprendre. Il est important de faire cela, car vivre dans le passé, c'est affecter son présent, mais aussi son futur.

Aller mieux commence par de la volonté et se poursuit par le passage à l'action afin d'affronter sa propre personne ainsi que ses problèmes en se posant les bonnes questions.

Témoignage anonyme

Je suis issue d'une famille arabe et je suis l'aînée. J'ai toujours eu cette sorte de « pression » de devoir tout bien faire afin de contenter mes parents et aussi, de donner le bon exemple. La plupart d'entre nous sait ce qu'est de grandir dans cet environnement où l'affection est peu présente. Étant la plus grande de la fratrie, je me devais d'être irréprochable quant à mon comportement et tout ce que j'entreprenais.

Mais malgré tous ces efforts, je n'avais jamais eu de reconnaissance. Petit à petit, en ne recevant que très peu de gratitude et de compliments, je me voyais au fur et à mesure du temps comme une moins que rien, une incapable et j'en passe… Plus les années s'écoulaient et plus je me sentais mal dans ma peau, dans ma vie. J'ai vécu certaines choses qui font que je suis tombée en dépression. Pendant près de quatre ans, tous les moyens étaient bons pour ressentir de nouvelles émotions. J'étais totalement en manque d'affection. J'étais totalement en détresse, je pensais

que j'allais y passer. Honnêtement, je ne me pensais pas capable de me relever. Mon entourage essayait de m'aider comme il a pu, mais rien n'y faisait. J'étais bien dans ma tristesse mais je voyais ma famille se détruire par ma faute,je les rendais malheureux. Ils étaient impuissants face à mon mal-être. C'est à ce moment-là que j'ai décidé de reprendre ma vie en main pour pouvoir les sauver. Je me suis entourée de nouveaux amis, de bonnes personnes, de personnes heureuses et leur joie de vivre, petit à petit, a commencé à m'habiter. Je savais que c'était à moi de changer et ce fut long et éprouvant.

Mais me voilà aujourd'hui totalement changée. Je me suis trouvée de nouvelles passions dans lesquelles je pouvais me réfugier lorsque je sentais que j'allais sombrer.

J'ai décidé de passer plus de temps avec mes proches pour ne plus être seule à seule avec mes pensées. Je me soignais, je prenais soin de moi. Et petit à petit, j'ai commencé à ne plus me sous-estimer. J'avais totalement perdu espoir, mais je me suis reconstruite. J'allais beaucoup mieux, je recommençais à bien m'habiller. Je me suis rapprochée de la religion, j'ai commencé à porter le voile et là, ce fut un apaisement total.

C'est peut-être difficile à croire, mais depuis que je le porte, tout devient plus simple. Je m'accepte mieux et je prends encore plus soin de moi. Je revivais, mais j'avais toujours un petit vide dans mon cœur. Et puis, j'ai rencontré la personne qui a bouleversé ma vie. Tout cela, après de nombreux échecs, après avoir vu des portes se fermer, après avoir accumulé énormément de déceptions et vu beaucoup de personnes me délaisser. Je m'étais forgé une carapace insaisissable. J'étais dans l'incapacité de m'attacher aux autres mais j'ai rencontré mon mari. Tout nous opposait au début. Je ne savais même pas si je voulais de lui mais la vie est bien faite. Et aujourd'hui, il m'a beaucoup aidé sur ce cheminement, cet apaisement. Il m'a fait découvrir le monde.

Il m'a ouvert les yeux et m'a insufflé son optimisme. N'attendez pas qu'une tierce personne vous aide à vous aimer et à aller mieux. Soyez déterminés et indépendants. Construisez-vous un entourage stable et solide. Et si vous avez la foi, rapprochez-vous le plus possible de votre Seigneur, car Lui Seul ne nous délaisse jamais.

Le courage du pardon

= force morale ; fait d'agir malgré les difficultés, énergie dans l'action, dans une entreprise.

= fait de ne pas tenir rigueur d'une faute ; rémission d'une offense.

Le passage à l'action n'a pas été simple. Il a fallu que je m'accroche pour ne pas baisser les bras. Il s'avère que lors de mes lectures, une fois de plus, j'ai compris que pour aller de l'avant, il fallait que je cesse de regarder constamment derrière moi.

Il fallait tirer un trait sur le passé, car cela m'empêchait de vivre mon présent et par la même occasion, paralysait mon futur. J'ai progressivement arrêté de ressasser les événements passés puisque de toute manière, je ne pouvais rien y changer. J'ai aussi arrêté de me répéter les fameux

« et si... », car cela m'empêchait de vivre l'instant présent. Cela a dû s'accompagner de l'acceptation.

Accepter ce qui a pu se passer permet de ne plus retourner en arrière et de se concentrer uniquement sur l'instant présent. L'acceptation est d'autant plus compliquée si le pardon ne suit pas.

Pardonner aux autres ou à soi-même t'offre la voie de la paix intérieure. Pardonner te permet d'atteindre cette liberté tant espérée. Oublie la vengeance ou encore la rancune car cela aggraverait ta blessure intérieure. Pardonne avant tout pour toi et ton bien-être psychologique. Il faut que tu saches une chose de plus : la fierté et l'orgueil sont mauvais pour toi et ne feront que te freiner la route vers tes objectifs et notamment, celui d'atteindre la sérénité. Mettre sa fierté de côté n'est pas une forme de faiblesse, bien au contraire, ce sont les âmes dignes de force qui le font.

Pour ma part, j'ai mis du temps. C'est en me rapprochant de la religion que j'ai compris, mais aussi réussi. La notion d'acceptation est liée au destin. Ainsi, j'ai fini par admettre que si telle chose s'est produite, c'est pour une raison bien particulière. Puisque cela avait été écrit pour moi, je devais l'accepter malgré toute la difficulté que cela pouvait engendrer. Je ne cessais de me répéter que derrière chaque mal se trouvait un bien et que toute âme était éprouvée. Chaque épreuve que l'on surmonte nous apporte forcément quelque chose. On dit aussi que la peine laisse toujours un cadeau. Peut-être invisible sur le coup, mais avec du recul et du temps, on se rend compte que c'est vrai. De plus, avec l'expérience, j'ai compris que chaque épreuve vécue m'a construite et non détruite. Elles m'ont aidée en faisant de moi la femme que je suis aujourd'hui et j'en suis à présent fière car je suis toujours là. Cela s'applique également aux autres. Derrière chaque épreuve se trouve un bien, il suffit juste d'observer.

Étant de confession musulmane, apprendre et appliquer ma religion m'a permis d'aller beaucoup mieux. Rester dans un juste milieu et agir tout en faisant preuve de patience m'a aussi permis de sortir encore plus forte de cette sombre période. Cela a beaucoup consolidé ma foi. Aussi, faire le deuil de toutes les mauvaises choses qui nous sont néfastes est primordial pour aller mieux. Sache que tu as le pouvoir d'agir, c'est à toi de le vouloir. Garde foi et espoir. La souffrance n'est que passagère et tout est éphémère. N'aie pas peur de ne pas réussir instantanément. Comme l'a dit Oussama Ammar : *« On ne perd pas son temps en échouant, on perd son temps en ne faisant rien. »* Le plus important est que tu agisses. Lorsque tu tombes, tu dois te relever en prenant soin d'appliquer les leçons que tu as apprises lors de tes « échecs ». De plus, ce que l'on considère souvent comme des « échecs » sont en réalité des leçons.

Ainsi, en entreprenant les actes nécessaires, la haine que j'éprouvais s'est atténuée petit à petit par le biais du pardon. Je me suis permis d'éprouver de l'empathie envers la petite fille qui se trouvait à l'intérieur de moi, chose que je refusais au départ.

Témoignage anonyme

Aujourd'hui, je pense que parler de mon mal-être me permettra sûrement d'aller mieux. Je peux dire que mentalement, je ne vais pas bien. C'est tout au fond de moi. Je ressens un gros poids qui me gêne. Mon côté pessimiste a beaucoup de mal à voir le bon côté des choses et à me dire qu'un jour, tout ira mieux ; que la situation dans laquelle je suis cessera. Je suis dans une culpabilité permanente. Je doute énormément de mes capacités et de ma propre personne. En bref, je ne suis pas bien avec moi-même,
mais je fais beaucoup d'efforts pour que cela change et je vois des résultats !

J'ai toujours vécu dans un environnement anxiogène, un environnement familial qui me bouffe depuis petite. Il y a beaucoup de choses et de paroles, que je n'ai jamais acceptées et le fait d'y repenser n'apporte rien de bénéfique à ma santé mentale. Quand je parle d'environnement, c'est à la fois le lieu où je vis et à la fois les membres de ma famille qui vivent avec moi. J'ai tendance à beaucoup prendre les choses à cœur et je suis très empathique.

Tout ceci, je sais d'où cela provient : d'abord, d'une maman qui, ayant un vécu douloureux, a rejeté sur ses enfants une part de sa colère. Personnellement, cela m'a beaucoup affecté. Le fait de voir comme elle réagissait à cela et le comportement qu'elle adoptait (et adopte encore aujourd'hui) face à cela m'a marquée. Ensuite, il y a également les histoires de famille qui m'ont fait du mal sans que cela ne me soit destiné : je me mets beaucoup trop à la place des autres et je suis profondément touchée lorsque je ne comprends pas ou n'accepte pas une situation.

Je sais qu'il me faut faire beaucoup d'efforts au niveau de ma religion, de mon comportement, de mon caractère, de ma capacité à filtrer les informations dans ma tête pour ne retenir que le positif.

Je pense que toute personne présentant un mal-être ne devrait en aucun cas rester seule. Il faut en parler, écrire, pour poser des mots sur ce que l'on ressent. C'est très important pour aller mieux. J'ai toujours fait mon possible pour aider mon entourage à mieux se sentir, à avoir une oreille attentive à ce qu'on me disait. Quant à toi, Lilya, je ne remercierai

jamais assez Allah de m'avoir mise sur ton chemin et que tu aies été cette personne pour moi.

Nourrir son corps, c'est nourrir son âme

= élever, éduquer.

Il y a quelques mois, cette notion de corps/âme ne m'intéressait aucunement. Et pourtant, c'est un sujet très important. Chaque être humain doit prendre soin non seulement de sa santé mentale comme tu le sais, mais aussi de sa santé physique. Une bonne hygiène de vie, manger sain et faire de l'exercice apporte énormément à l'âme.

Nourrir son corps revient à nourrir son âme. L'Islam ainsi que la lecture, m'ont permis d'en prendre conscience. J'ai compris une chose essentielle : **il faut toujours écouter son corps et ne jamais dépasser ses limites car notre corps a un droit sur nous.** Chaque douleur physique que l'on peut ressentir peut traduire une douleur psychologique que l'on refuse de percevoir, d'où l'importance de se montrer attentif à son corps et de ne négliger aucune douleur.

N'étant pas une grande sportive, j'ai décidé de me tourner vers la marche à pied mais pas n'importe laquelle. J'entreprenais des balades, c'est-à-dire que je me déconnectais de tout autour de moi : pas de téléphone, pas de contact avec autrui, aucune distraction, uniquement la nature et moi. Le fait de délaisser les réseaux sociaux, ce monde malsain où tout le monde paraît parfait alors que le vice est omniprésent, a été une grande décision car la nature, dans toute sa pureté, a pris sa place.

J'ai fait mon entrée dans le monde de la contemplation. Cela a, une fois de plus, littéralement changé ma vie et ma perception du monde.

J'ai commencé à ressentir beaucoup de gratitude envers notre Seigneur. Le simple fait d'être en vie et en bonne santé est un grand bienfait que beaucoup ne possèdent pas. La santé est une richesse et une couronne beaucoup trop négligée. *Après avoir su cela, comment ne pas en prendre soin* ?

C'est lors de mes balades, lorsque je me retrouvais face à moi-même et à l'univers que j'ai appris à me connaître. Ce qui est fou, c'est que lorsque j'ai commencé à ouvrir les yeux sur ce qui se passait autour de moi, j'ai découvert beaucoup de faits dont j'ignorais l'existence auparavant alors quej'avais emprunté certains chemins des milliers de fois préalablement. S'ouvrir à la nature ne peut qu'être bénéfique car c'est un environnement sain dont toute âme a besoin. J'ai trouvé le calme et la sérénité nécessaires lorsque je sortais de "mon environnement" c'est-à-dire, de chez moi. Je suis parvenue à mettre du silence dans le brouhaha de mes pensées et j'ai compris qu'il fallait que je me ressource constamment pour entretenir mon moral.

J'ai appris à « respirer ». Oui, oui, respirer ! Lorsque les émotions négatives faisaient surface, il me suffisait d'inspirer et d'expirer profondément pendant de longues minutes en faisant le vide dans ma tête afin de ne pas me laisser submerger. Comme quoi, la respiration a aussi son impact sur cette quête vers la quiétude de l'âme. D'ailleurs, je te conseille vivement de t'essayer aux exercices de respiration car c'est vraiment relaxant. Tu entres dans une bulle où tu laisses toutes les émotions et pensées t'envahir sans vouloir les contrôler pour que finalement, tout s'apaise et que le silence puisse régner une fois pour toutes.

Avant de clore ce chapitre, une notion importante est à retenir : rien n'est jamais acquis ! Il faut toujours s'efforcer de poursuivre ses efforts pour les voir perdurer dans le temps avec un impact plus conséquent. Alors fais preuve de courage, car tout le monde peut le faire, il suffit juste d'avoir de la **V.O.L.O.N.T.É.**

P-S : Hydrate-toi ! L'eau doit devenir ta meilleure alliée !

Témoignage anonyme

Comme tous, je pense, on passe par des moments difficiles et d'autres un peu plus joyeux.

Comme l'a dit un sage : « Dans ce bas-monde, un jour on sera heureux et le lendemain démuni. » La tristesse, les événements de vie difficiles, les dépressions, les remises en question, les moments où l'on se sent seul et bien d'autres émotions négatives sont normales. Il ne faut pas les banaliser, mais les accepter telles qu'elles sont pour pouvoir bien les appréhender et s'en prémunir. En tant qu'être humain, lorsqu'on a un problème, on se retrouve en dissonance cognitive. De ce fait, on va essayer de combler cela par des solutions, mais si on n'en trouve pas, alors on se retrouve dans une gêne profonde. J'ai actuellement vingt ans et émotionnellement parlant, j'en ai vécu énormément. L'une de mes premières stratégies était de tout enfouir au plus profond de ma personne en pensant que cela n'allait jamais refaire surface : erreur de débutante ! Dans mon entourage,

j'ai toujours été la personne pleine de vie qui fait rire et qui redonne le sourire, donc je ne me sentais pas « légitime » de dire que ça n'allait pas. Durant l'enfance, j'ai enfoui beaucoup de choses puis, à mes dix-huit ans, un événement a tout fait resurgir : la partie enfouie de l'iceberg ne supportait plus le fait de se cacher. Cet événement m'a littéralement détruite. Pour la première fois, j'ai ressenti physiquement l'expression « avoir le cœur brisé ». Alors à ce moment-là, je n'allais pas très bien, je tentais de faire passer les choses en comblant les vides, mais parfois, la seule chose nécessaire est d'affronter nos peurs pour les éliminer pour toujours.

J'ai commencé par l'écriture. Je me suis acheté un carnet dans lequel, à chaque fois que je sentais mon cœur se resserrer, j'allais tout extérioriser à l'écrit. Cela peut paraître enfantin, une espèce de « journal intime », mais c'est bien plus profond que ça et ce peut être la guérison de beaucoup de blessures. Tout dépend de ce qu'il vous arrive, si c'est un problème avec une personne, pardonnez-lui et pardonnez-vous surtout ! En tant qu'humain, dites-vous que l'on fait tous des erreurs à un moment de notre vie. Il est très important de se pardonner et surtout de s'aimer. Si vous ne vous aimez pas vous-même, comment allez-vous pouvoir aimer convenablement une autre personne ? La chose qui m'a le plus sauvée est l'Islam et ma relation avec Allah.

Plus j'améliorais cette relation, plus j'allais mieux. Finalement, il faut se demander qui est-ce qui peut changer l'état de notre cœur si ce n'est Celui qui l'a créé ? J'étais très pudique dans ma relation spirituelle. Vous devez trouver cela bête, mais j'avais du mal à m'ouvrir, alors qu'en réalité, Il est Le Seul qui sait tout de nous et qui nous connaît par cœur. Rien ne Lui échappe, même les choses qui nous échappent sur notre propre personne.

Deux phrases sont à retenir : « Si vous saviez comment Allah traite vos affaires, vos cœurs se briseraient d'amour pour Lui » et « Ne vous levez pas de votre soujoud avant d'avoir confié à Allah tout ce que vous avez sur le cœur ». Il y a une qui me trottaient dans la tête et que j'essayais d'intérioriser. Certains moments étaient compliqués au point d'avoir des difficultés à extérioriser. Si vous vous trouvez dans cette situation, alors demandez-Lui d'exaucer ce qu'il y a au fond de votre cœur. Allah nous accorde un océan d'amour. Il faut en prendre conscience et faire preuve de gratitude. Une chose importante également, il faut que vous compreniez que tout ce qui vous atteint est écrit. Si c'est un événement négatif, c'est un bien, vous allez patienter et vous rapprocher de Lui. Si c'est positif, c'est un bien également, car tout bien qui vous atteint vient de Lui que ce soit l'amour qu'il y a entre votre époux et vous ou encore entre vos parents et vous. C'est encore une fois un bien car cela vous laisse l'opportunité de vous rapprocher de Lui en Le remerciant.

Les clefs pour aller mieux sont en vous. Il faut faire resurgir les émotions (afin qu'elles ne surviennent pas lors de moments inattendus) puis les soigner. Prenez soin de votre cœur comme si c'était un enfant que vous deviez protéger et mettre à l'abri. Ne vous aventurez pas dans certaines choses au risque de mettre en péril l'état de votre cœur et plus que tout : faites confiance à Al-Wadud.

Lâcher prise, se laisser aller, oublier le contrôle

= moyen de libération psychologique consistant à se détacher du désir de maîtrise.

Lors de cette quête, j'ai identifié plusieurs blessures dont je souffrais, notamment celle de la trahison qui était la plus imposante. Pour me protéger de la vulnérabilité, je voulais tout contrôler. J'ai pris conscience de cette prise de pouvoir et de contrôle que je cherchais constamment dans tous les affaires que j'entreprenais. D'une part, parce que je n'avais confiance en personne, d'autre part, parce que je préférais agir moi-même plutôt que demander à autrui.

Le contrôle revient à se protéger et à s'imposer des barrières psychologiques, morales et émotionnelles entre soi et les autres. Mettre des barrières apporte une certaine protection qui permet d'éviter la souffrance et donc, de se sentir en sécurité. Outre cela, ce contrôle que j'exerçais réclamait que les autres se confient à moi, mais qu'en retour, il n'y ait pas de réciprocité. Depuis toujours, j'éprouve une grande difficulté à m'exprimer sur ce qu'il y a réellement au fond de moi, sur ce que je ressens et sur mes opinions. Mettre des mots sur ce qui se trouve à l'intérieur de moi et les exprimer à une personne extérieure m'a toujours paru impossible. Je pense que c'est à cause de cela que j'ai toujours ressenti le besoin d'exercer un contrôle sur ma propre personne.

J'ai littéralement anesthésié mes émotions pour en ressentir une totale indifférence. J'ai toujours eu horreur d'éprouver des émotions négatives, car étant une personne qui prend les choses à cœur, je ressens les émotions d'une plus forte intensité. Pour contrer cela, j'ai mis en place un système : je parvenais chaque fois à refouler ce que je ressentais. Je ne faisais qu'encaisser constamment, mais comme tu le sais, rien ne dure. Un jour ou l'autre, tout t'éclate à la figure car tu n'as pas voulu accepter ce que ton corps a voulu te communiquer.

J'ai explosé le jour où j'ai eu le déclic. J'espère vraiment que tu arriveras à comprendre tout ce que je te raconte avant ce fameux « déclic » parce qu'il peut être source d'une profonde tristesse. D'ailleurs, j'ai compris que mon corps voulait que je sache que j'étais une personne hypersensible ; c'était pour cela que je ressentais les choses d'une manière plus intense, ce que j'ai fini par accepter.

En tant que personne hypersensible, je sais à quel point on peut se sentir différent, à l'écart des autres, mais surtout INCOMPRISE. Et ça, c'est difficile. Cependant, une fois que l'on accepte, d'une part, qu'être sensible n'est pas un défaut puisque cela montre que l'on possède un cœur bien vivant qui ressent les choses, et d'autre part, que cela nous représente et montre que nous sommes des personnes dotées d'une grande compassion et de grandes capacités d'écoute, alors les choses deviennent plus simples par la suite. Sache que je te comprends et que plus ta perception de l'hypersensibilité progressera vers de la positivité et mieux tu te sentiras. Je sais aussi que cela peut te paraître difficile à accepter. Pourtant, moi qui ai toujours cette boule au fond de la gorge et qui ai envie d'exploser en sanglots lorsque je me sens incomprise ou victime d'une injustice, je vais mieux maintenant. Désormais, j'arrive à mieux gérer cette situation parce que je comprends maintenant qu'être hypersensible est une qualité et non plus un défaut.

Pour approfondir ce que je disais plus haut, la confiance que je n'avais pas envers les autres, je ne l'avais pas envers moi-même, ce qui explique le pourquoi du comment. Tout commence par soi avant toute chose. Si tu ne t'aimes pas, tu n'aimeras pas convenablement autrui même si tu t'en persuades. J'ai appris par la même occasion à augmenter les exigences envers ceux qui veulent faire partie de ma vie. Quant à ce contrôle malsain que j'avais, j'ai appris à le délaisser pour me recentrer sur moi-même et non sur les autres. Au fond, cette volonté de contrôle était tout simplement le reflet du manque d'estime que j'éprouvais à mon égard.

En revanche, s'il y a bien une chose que tu ne dois pas avoir envers les autres, ce sont des attentes. N'attends rien de personne. Cela t'empêchera d'être déçue et t'empêchera par la même occasion de donner ce « pouvoir » à l'autre de te faire espérer et de te blesser.

D'ailleurs, l'idée que j'avais de la déception a progressivement changé, car j'ai compris que décevoir ou être déçu faisait partie de la vie et cela ne signifie pas pour autant que l'amour disparaît. La déception apparaît lorsque nos attentes envers autrui ne sont pas respectées. Certes, certaines déceptions répétitives peuvent contraindre des relations, mais la plupart du temps ce n'est pas le cas. À partir du moment où l'on comprend que la déception n'est pas synonyme de fin de relation, d'estime ou d'amour, les situations s'apaisent. Le plus important est de comprendre ce qui a déçu l'autre pour pouvoir y remédier.

Pour ma part, je ne m'impose pas d'attentes envers moi-même mais je me fixe des objectifs, des buts à atteindre quotidiennement et d'autres tout au long de ma vie.

Pour clore ce chapitre, je veux que tu comprennes que rien ne sert de chercher la perfection car personne n'est parfait et personne n'a la possibilité de le devenir un jour.

Sois indulgente envers toi-même et aussi envers les autres. Ne reporte pas tes attentes sur les autres et n'exige pas des autres de réagir d'une certaine manière ou de ressentir certaines émotions parce que nous sommes tous différents. Il est important que tu saches cela afin de ne pas contraindre tes relations avec les autres.

Il y a une notion que beaucoup ne respectent pas : celle de la communication. On a tendance à vouloir que telle personne devine les choses pour nous, qu'elle nous dise telle chose sans qu'on ne lui communique nos besoins... Cela est impossible. Nous ne sommes pas télépathes, mais la communication facilite les choses.

Tu dois respecter les réactions, les choix et les décisions de chacun comme tu aimerais qu'on le fasse pour toi. Mets-toi à la place des autres, cela t'aidera grandement. Surtout, n'essaye pas de changer autrui, car l'unique personne que tu peux changer, c'est toi-même. Cesse de vouloir façonner les autres selon tes envies et concentre-toi plutôt sur le changement que tu peux apporter à ta propre vie. Une de mes citations favorites dit que lâcher prise, *« c'est ne plus vouloir changer autrui et, au lieu de cela, choisir de consacrer son temps à donner le meilleur de soi-même. »* Alors n'oublie pas que tu es toi et que tu es unique. Personne ne peut être toi. Détends-toi et laisse-toi fleurir.

Témoignage anonyme

Je crois qu'en fait, le manque d'estime de moi provient de mon enfance et des amitiés que j'ai pu avoir. Lorsque j'étais en primaire, j'avais une copine qui était aussi ma voisine. Nous sommes restées proches depuis cette période.

Moi, j'étais une fille timide qui avait du mal à parler et à communiquer avec les gens. Elle, c'était une fille banale, pas plus belle ni intelligente que moi, mais dont tout le monde voulait être amie. Je ne comprenais pas pourquoi et du coup, je me sentais inférieure à elle.

Pour les autres, j'étais une fille banale. Du coup, à l'époque, être copine et voisine avec elle était une grande chance pour moi. Je me rappelle que je donnais des stylos, des bâtons de colle, des bonbons et plus à mes camarades pensant que je serai peut-être vue et remarquée. De ce fait, chaque fois qu'il y avait une nouvelle dans la classe, je lui venais en aide, on devenait copines et après quelques semaines, elle me lâchait. Mes années de primaires étaient ainsi.

Heureusement que j'étais très douée à l'école. D'ailleurs, au collège, les premières années, ce fut la même chose.

Mais cette fois, les gens ne voulaient pas être amis, mais en couple avec cette fille. Moi, j'étais toujours rejetée.

En soi, je ne voulais pas sortir avec quelqu'un car j'avais eu une éducation religieuse à la maison. Je savais que ce n'était pas une chose bénéfique pour moi, mais je voulais seulement être remarquée moi aussi, et c'est justement à cause de cette obsession d'être appréciée que j'ai commencé à faire des erreurs. Le problème, c'est que j'étais voilée et j'habitais en France. J'avais de plus en plus d'amies non-musulmanes ou bien non-pratiquantes. Du coup, j'essayais d'être acceptée par elles et en même temps, de rester une bonne musulmane. J'ai vite dérapé car j'ai compris que ce n'était pas possible d'être acceptée des deux côtés, ceux-ci étant totalement contradictoires. On avait des vies opposées. On me disait : "euh... Tu t'habilles très mal ! Un jean et une robe, ça ne se met pas ensemble" en parlant de ma tunique qui, pour mes parents, était trop courte. Mon père me disait : "n'essaye pas de leur ressembler" et moi, j'étais PERDUE. Il ne comprenait pas puisque c'était un homme. Ma mère ne me comprenait pas non plus, celle-ci ayant vécu dans un pays musulman. J'étais seule au monde avec mes complexes, mon acné, mon surpoids et mes problèmes d'intégration.

Au lycée, j'ai subi du harcèlement lors de ma première année. J'essayais de reprendre confiance en moi par le biais du changement, mais cela n'a pas arrangé les choses.

Je parlais virtuellement avec des garçons. C'était plus simple, car ils ne connaissaient pas mon visage. Quelques filtres, du maquillage et hop, le tour était joué ! Mais au fond,

je me sentais très mal. Mes grands-parents se disputaient avec ma mère lorsqu'ils voyaient un gramme de mascara sur mes cils, ce qui faisait que ma mère me disputait à cause d'eux.

Je n'étais acceptée par personne, car quoi que je fasse, il y avait toujours un problème.

Après les tentatives de suicide, d'hospitalisations, les problèmes d'angoisses, les rendez-vous chez la psy, les séjours à l'étranger pour des séances d'hypnoses, mon addiction aux antidépresseurs... Aujourd'hui, je suis MOI !

J'ai mon style. Certains aiment, d'autres détestent, mais au moins, je suis MOI. Je viens de réaliser que mon obsession d'être acceptée par les garçons était due au manque d'attention que j'ai pu avoir de mon père, un homme très strict. Il m'aimait beaucoup, mais ne me le montrait jamais. J'ai essayé de combler ce manque en le cherchant partout ailleurs...

Je pense qu'il a fini par le ressentir car il avait de plus en plus peur pour moi. Il fouillait mon portable, installait des applications pour m'espionner, pour savoir où j'étais... Et ça, je ne le comprenais pas. Je me sentais oppressée. Mon père n'avait plus confiance en moi ce qui me poussait moi aussi à m'interroger. Quant à cette confiance, je la récupère petit à petit. Cela a été très difficile car comme le dit mon père : "La confiance se perd vite et se regagne très difficilement."

Aujourd'hui, mon but dans la vie n'est pas d'être appréciée par tout le monde mais d'être appréciée par MOI-MÊME. J'ai appris que la famille, même si elle nous énerve parfois, veut notre bien et notre bonheur. Les amis, il faut en trouver de bons et pas des gens qui se servent de nous pour se sentir bien et avoir l'air d'être supérieurs.

Malgré mes efforts, ce changement chez moi a engendré des réflexions : "Tu es égoïste, capricieuse. Tu n'as même pas le droit d'être dépressive car tu as tout ce que tu veux. Tu n'as rien vécu à côté de ce que j'ai vécu..."

La journée ça passe, mais pas la nuit. Personne n'entend ni ne comprend mes pleurs.

Tous les soirs, je me déteste. Je me répète : "pourquoi as-tu fait tout ça ?" Tous les soirs, je revis ce que je te raconte. Le matin, j'oublie tout et ça recommence le soir. Des fois, je me dis : "Ce n'est pas grave ! Tout est fini. Aujourd'hui, tu es cette personne à cause de tout ce que tu as vécu." Mais il y a des choses que je n'arrive pas à oublier. Ces choses qui m'ont traumatisée, comme lorsque j'étais petite. Nous étions allés chez mes grands-parents et il me semble que j'avais sauté sur le canapé. Suite à cela, ils ont dit que mes parents n'avaient pas réussi à m'éduquer alors qu'ils faisaient tout pour moi et ça les a blessés. Mon père, étant une personne qui s'énerve vite, était en colère contre moi. J'avais cinq ans. Pour me faire peur et "m'éduquer" de la même façon que ma grand-mère, il m'a laissée pendant trois minutes dans une station d'essence. À l'heure actuelle, j'ai dix-huit ans. Tout va bien, mais à chaque fois que je passe devant cette station, j'ai les mains qui tremblent.

Tous ces moments étaient des moments très difficiles pour moi ; des moments que j'ai mal vécus.

Et pour les autres, je vis ma “best life”.

Je suis consciente qu’il y a des personnes dans des situations pires que la mienne, qui meurent de faim, de soif, mais chaque personne a son propre malheur dans la vie. Je culpabilise à cause de ces gens qui disent que ce sont des caprices d'adolescente.

Je vois, à mes dix-huit ans, que les choses que l’on a vécues influencent forcément notre vie comme mes choix d'orientation basés sur mon vécu : devenir psychologue pour aider les ados comme moi ou devenir diététicienne pour aider les personnes à se sentir bien dans leur corps et à s'aimer comme elles sont.

Si j’ai un conseil à donner, c’est de rester soi-même et de ne pas essayer de ressembler à quelqu'un. Enfin, Lilya, je te remercie de m’avoir donné une chance de m’exprimer car tout cela était ancré en moi. Je raconte enfin mes émotions à quelqu'un d’autre que ma mère et cela me fait tellement de bien ! Merci encore...

Tu n'es pas seule, tu t'as toi

= qui se trouve sans compagnie, séparé des autres.

Je t'invite dans ce chapitre à laisser ton cœur s'ouvrir et à l'écouter, car la base du problème est que l'on ne communique pas assez avec soi-même. Il y a quelques mois, la phrase que l'on ne cessait de me répéter était : « Apaise ton cœur oukhty ! » Plus facile à dire qu'à faire. Mais comment apaiser son cœur ? Ce n'est pas une mince affaire...

Lorsque tu sens ton cœur lourd et torturé constamment, tu arrives à te dire que finalement, ce n'est pas plus mal puisque tu ne peux pas tomber plus bas, ce qui revient à ne plus souffrir davantage. Personnellement, c'est ce que je ressentais. Je me sentais bien dans mon malheur, car le bonheur était tellement incertain et inconstant que j'en étais venue à en être effrayée. Le bonheur me paraissait lointain et inaccessible. J'avais peur des retombées. Je me disais que si je parvenais à aller bien et qu'à la fin je retombais dans une sombre période, cela ne pouvait qu'empirer, car j'aurais goûté à la douceur du bonheur. La possible chute m'angoissait.

Mais je t'arrête tout de suite. Il ne faut pas réfléchir de cette manière, car on ignore le futur et on finit par se mettre des barrières inutiles qui nous empêchent d'atteindre notre but.

Pour répondre à la question de comment apaiser son cœur, j'ai tout d'abord eu recours à la spiritualité. J'ai fait des invocations et j'ai placé ma confiance en notre Seigneur. Par la suite, j'ai commencé à m'écouter en écrivant tout ce que je ressentais, tout ce qui me faisait du mal, tout ce que je ne voulais plus. À partir de là, j'ai découvert quels étaient mes besoins et comment les satisfaire.

Je pense que connaître ses besoins et savoir ce que l'on ne veut plus dans la vie permet réellement d'avancer d'une bonne manière. Cela permet de savoir ce qu'il faut faire et ce qui est à bannir pour son épanouissement personnel. Cette communication et écoute envers moi-même m'ont permis d'éprouver de l'empathie, de la compassion, du respect et surtout, de laisser place à la bienveillance et à la générosité.

S'il te plaît, retiens bien une chose : c'est que tu es la seule à savoir ce qui est bon ou mauvais pour toi, tu es l'unique personne au monde qui a la capacité de te connaître mieux que n'importe qui et que nul ne te connaît mieux que ton Seigneur. Il est très important que tu te libères du jugement et du regard des autres pour entretenir ton estime personnelle. Il faut cesser de vouloir constamment plaire aux autres, mais surtout, de satisfaire cette image qu'ils attendent de nous.

Sois la personne que tu veux devenir. N'aie pas peur de dire NON aux autres, car le plus important est que tu te dises OUI à toi-même. Il faut que tu t'imposes ! Ne sois pas la personne que les autres veulent que tu sois, mais celle que TOI tu veux être et que tu aspires à devenir. Il t'incombe de faire tes propres choix et décisions pour orienter ton existence. Personne ne peut t'obliger à faire des choix ou à devenir celle que tu n'es pas. Tout se passe dans ta tête, alors libère ton cerveau de ces chaînes qui t'empêchent d'être toi-même et qui contraignent ton indépendance.

Tu n'es pas seule et tu ne le seras jamais à partir du moment où tu comprendras que tu es là pour toi et que tu l'acceptes. Sois ta meilleure amie et tu t'apercevras que nulle compagnie ne vaut la solitude.

Finalement, je veux que tu saches que tu n'as pas le droit de dédramatiser ce que tu ressens. Certes, il y a pire dans la vie, mais ce n'est pas une raison pour enlever de la valeur et de l'importance à ce qu'il se passe en toi. Ne laisse personne en faire autant. Ne laisse personne comparer sa souffrance à la tienne car nous sommes tous différents. Chacun doit se recentrer sur lui-même et ne pas porter son attention sur autrui. Respecte-toi et les autres te respecteront.

Tout ce qui fait partie de toi a de la valeur. Lorsque tu le comprendras, tu ne feras plus attention à ce que l'on pense de toi. Ne te laisse pas devenir la victime de ta vie lorsque tu peux en devenir l'héroïne !

Témoignage anonyme

Je ne saurais même pas te dire quel a été mon déclic. J'étais tellement mal que je n'avais pas d'autre choix que de me reprendre en main et je ne voulais plus être mal. Je ne le supportais plus. Le Seul et Unique qui aurait pu me sauver et qui l'a réellement fait, c'est Allah. Cela, en m'accrochant à Sa religion. Tout m'est tombé dessus d'un coup. J'ai subi en dépression et j'ai perdu ma propre estime. Je me suis infligée moi-même des souffrances en plus de mes pensées. Je me suis tellement détestée intérieurement et extérieurement ! Et puis, je me suis accrochée à la religion tellement fort que j'ai décidé que je devais m'aimer et j'étais prête à tout essayer. Je n'avais plus rien à perdre. Je faisais énormément de crises d'angoisse, et ce, sur plusieurs jours, non-stop. J'étais constamment fatiguée. Certaines périodes, je n'arrivais plus à manger, malgré la faim. Je perdais beaucoup de poids pour le reprendre ensuite. J'ai commencé à avoir de la tension et mon cœur battait très vite, tout le temps (les pulsations cardiaques étaient très élevées), je le voyais presque sortir de ma poitrine. Quant à la sensation intérieure, c'était la pire ; j'avais l'impression de perdre la tête.

J'avais des idées noires, je me sentais vide et trop pleine en même temps. Parfois, je pleurais sans pouvoir m'arrêter et au contraire, parfois, j'avais tellement envie de pleurer, mais rien ne coulait. J'ai eu plusieurs fois la sensation que mon cœur prenait réellement feu. Quant à la douleur, je la ressentais physiquement subhan'Allah. Je manquais d'air et

j'avais l'impression de ne plus pouvoir respirer. Je me souviens que j'allais sur le balcon et que j'essayais de respirer, mais je ne pouvais pas. J'avais l'impression de ne pas être à ma propre place, comme si ce n'était pas moi dans mon corps. J'ai supporté seule parce que je ne voulais pas de la pitié des autres et je me disais "à quoi bon en parler ?"

Peuvent-ils changer quelque chose à ma situation ? Non. Mais Allah en est capable. Je me sentais tellement apaisée à l'évocation d'Allah, à l'écoute du Coran, etc. J'avais besoin de patience. En lisant un verset ou un hadith, j'avais l'impression que tout me parlait. J'ai patienté pour Allah. J'ai commencé à essayer de voir un bien dans tout ce qui m'arrivait même dans la plus petite chose. Je me suis dit qu'Allah n'éprouvait pas quelqu'un plus que ce qu'il ne pouvait supporter. Je me dis aussi qu'il y avait un but à tout ça, à la vie.... Me remémorer la mort, le statut des patients et la récompense. Il faut laisser du temps au temps. Tout finit par passer, rien n'est éternel. J'étais perdue, je m'étais perdue... J'essaye encore de me retrouver. Le chemin sera long et je sais que la douleur de certaines épreuves sera toujours là, il faut juste l'accepter. L'acceptation est mieux encore que la reconnaissance car Allah est Sage et Ses décisions sont sages. Dans tout mal, il y a un bien. Après la difficulté vient la facilité et pour certaines épreuves, c'est ainsi qu'est la vie... Il faut s'armer d'une foi forte et de beaucoup de patience pour surmonter les épreuves d'ici-bas. Pour se retrouver, premièrement, il faut s'aimer, et pour s'aimer, il faut regarder toutes les qualités que nous avons et ne pas se focaliser sur les défauts, ne pas se comparer aux autres, s'accepter et se complimenter.

Pour atteindre l'apaisement, il faut se rapprocher d'Allah. Accepter ce qui nous arrive, lâcher prise sur ce que l'on ne contrôle pas et essayer d'améliorer ce que l'on peut changer et se laisser du temps pour guérir, étape par étape. Bien s'entourer aussi, c'est important. Nos affaires sont entre les mains d'Allah alors que notre cœur s'apaise et je sais à quel point c'est difficile. Un long travail qui ne peut aboutir qu'avec de la patience et de l'espoir et garder en tête que rien n'est impossible et Allah est capable de TOUT.

Prendre soin de sa santé psychologique... J'y travaille... J'en suis encore loin, mais j'ai un but : aller mieux. Je m'y accroche fort. Il FAUT s'accrocher fort. Parfois, il faut tomber bas pour apprécier les petites choses de la vie et malgré la douleur, je suis reconnaissante de ces épreuves. Elles ont fait de moi qui je suis. Elles m'ont fait grandir, me rappellent l'essentiel de cette vie et me permettent de garder la tête sur les épaules. Je suis persuadée que la plupart des douleurs psychologiques et du stress, on se les inflige nous-mêmes. On s'en rajoute et après, c'est un cercle vicieux.

El hamdouliLah pour tout et malgré tout.

La solitude, douceur qui enrichit l'âme

= état, ponctuel ou durable, plus ou moins choisi ou subi, d'un individu qui n'est engagé dans aucun rapport avec autrui.

De nos jours, la solitude est perçue comme une « malchance de la vie » ou encore « un handicap ». Se retrouver seul, c'est forcément être différent, rejeté et malheureux alors qu'au fond, c'est tout le contraire. Cette image péjorative de la solitude a été créée par la société actuelle qui renvoie l'image de l'être humain constamment entouré, en tout temps et tout lieu. Il y a quelques années, je t'avoue que je rejoignais cette perception. Avec le temps, j'ai compris que **les âmes solitaires sont celles qui se connaissent le mieux et qui s'apprécient le plus.**

Je l'ai compris à partir du moment où j'ai commencé à passer plus de temps seule qu'accompagnée. Au départ, cela s'avère être compliqué, car tu ne peux apprécier la solitude si tu ne t'apprécies pas. Une très belle citation qui le résume : « *Pour certains, la solitude est insupportable, car ils doivent faire face à leur propre compagnie.* » Gilberto Araújo de Alcântara.

Je n'appréciais pas ma propre personne. Je me dévalorisais et me rabaissais énormément, que ce soit psychologiquement ou physiquement.

Je t'avoue qu'ayant reçu ce traitement d'autres personnes à mon égard, j'ai fini par le reproduire sur moi-même. Cela dit, progressivement, je me suis autorisée à apprécier ma personnalité. Comme je te le disais plus haut, je me suis laissée éprouver de l'empathie envers ma personne et petit à petit, je me suis montrée bienveillante, car j'ai compris que j'étais la seule à pouvoir le faire. De ce fait, la solitude a commencé à avoir une douce saveur. Plus je m'aimais, plus je m'estimais et plus j'appréciais passer du temps avec moi-même.

À travers la solitude, j'ai acquis la liberté, car étant seule, j'ai le pouvoir et la capacité de faire tout ce dont j'ai envie sans que l'autre ne me contraigne car il n'a pas les mêmes envies. Ainsi, j'ai commencé à délaisser la compagnie d'autrui car la mienne m'était plus bénéfique. Passer du temps seule, manger seule, et toute autre activité. Toutes ces choses que je n'osais jamais entreprendre seule, je les ai faites et je t'assure que j'ai vraiment beaucoup aimé. Cette liberté de ne dépendre que de soi m'a profondément touchée.

Le conseil que je peux te donner, c'est de ne pas avoir peur de te retrouver avec toi-même, car tu ne peux que passer du bon temps à partir du moment où tu t'apprécies à ta juste valeur et que tu t'acceptes. Sache, une fois de plus, que tout est dans la tête. Libère-toi de toutes ces certitudes néfastes qu'émet la société.

À travers cette solitude, j'ai pris conscience qu'effectivement, les personnes que je fréquente ont toutes, un jour ou l'autre, eu une influence ou un impact sur ma personne.

Le proverbe **« On ressemble à ceux que l'on fréqucnte »**, prend tout son sens, car on devient ce que l'on fréquente de manière progressive ou non. Après réflexion,

j'ai pris la décision de m'éloigner intentionnellement des personnes que j'estimais nocives pour mon âme. Ces personnes qui n'apportent rien ou pire encore, qui te font régresser. Les personnes qui sont là juste pour être là, sans conversation profonde ou enrichissante. Celles qui te font uniquement rigoler et qui sont tout le temps dans la plaisanterie ne m'intéressaient plus car je cherchais à nourrir mon âme, une fois de plus, en profondeur.

J'ai alors fait le tri. J'ai aussi exclu de ma vie les personnes qui m'éloignaient ou me faisaient stagner au niveau spirituel. Ce grand ménage a été un très bon début, car j'ai vite constaté un changement. L'importance de bien choisir ses amis n'est pas vaine, car cela a des conséquences importantes. C'est à toi de faire le bon choix. S'entourer de personnes positives et inspirantes est une réelle motivation, car leur énergie et état d'esprit sont communicatifs.

Fais le ménage dans tes pensées, mais aussi dans ta vie ! Cela peut prendre du temps et s'avérer difficile, mais ne peut que t'être bénéfique. Penser à soi avant de penser aux autres est nécessaire et non de l'égoïsme !

P-S : Sache que la qualité vaut mieux que la quantité et que le temps ne veut rien dire ! Une amitié de longue date peut ne rien signifier face à une amitié beaucoup plus récente. Alors n'aie pas peur de te séparer des personnes de longue date.

Témoignage anonyme

Sans aucun doute, j'ai pris conscience qu'il était grand temps de me ressaisir lorsque je me suis retrouvée en réanimation à la suite d'un grave accident de voiture où je fus la seule à être transportée d'urgence à l'hôpital.

Je ne saurai décrire ce que j'ai ressenti à ce moment-là.
Je revoyais toutes les images des moments forts de ma vie défiler sous mes yeux, comme un songe éveillé. Toutes ces prières retardées, non priées. Ces pleurs et cette tristesse qui surviennent soudainement le soir lorsque je suis seule, seule face à moi-même.

Une chose était sûre, je m'étais strictement interdit de m'apitoyer sur mon sort. J'avais certes commis des erreurs, mais il était grand temps de devenir la meilleure version de moi-même. Seulement, pour vivre pleinement cette renaissance, il était primordial de me réconcilier avec mon for intérieur et de me pardonner certains manquements. J'ai donc laissé place à la bienveillance dans ma vie. L'échec n'était plus source de tristesse pour moi, mais au contraire, source d'apprentissage et d'accomplissement. J'ai appris à m'écouter, à me parler, mais aussi et surtout, à m'aimer. Alors désormais, je peux affirmer être ma meilleure amie ! Le corps exprime notre mal-être au travers de problèmes de santé, alors, j'ai soigné mon corps et mon âme au travers de lectures, de prières et j'ai trouvé, dans la solitude, une forme de sagesse. L'une des plus jolies manières d'aller de l'avant, selon moi, est de mettre des mots sur des maux enfouis en nous depuis notre plus tendre enfance. Aujourd'hui, je poursuis ce travail d'écriture et d'inspiration d'âmes qui cherchent, elles aussi, à tendre vers l'apaisement et l'épanouissement.

Ne doutez jamais de l'amour. C'est sans doute la plus belle des choses à préserver dans nos vies. Aimez-vous et laissez les autres vous aimer.

Si tu ne t'aimes pas, comment peux-tu prétendre aimer ?

= éprouver de l'affection, de l'amitié, de la sympathie pour quelqu'un.

À travers ce chapitre et ce livre, j'espère de tout cœur que tu prendras conscience de l'importance de s'aimer et de développer l'estime que l'on a de nous-mêmes.

Pour ma part, cette prise de conscience s'est avérée être tardive et les conséquences ont été catastrophiques. Je vais t'expliquer pourquoi : le « moi d'avant » était très centré sur l'opinion et les jugements des autres à mon égard. Cela entraînait en moi d'immenses exigences et attentes. La pression était à son paroxysme. Je me nourrissais de l'amour et de l'estime que les autres me portaient à défaut de m'aimer moi-même. Cependant, progressivement, l'insatisfaction et l'insuffisance ont pris place à l'intérieur de moi au point de créer un trou béant. Ce trou que je ressentais ne cessait de progresser avec le temps et je n'ai pas su l'identifier.

C'est seulement des années plus tard que j'ai réussi à en comprendre la cause.

À ce moment-là, mes rapports avec les autres étaient compliqués. Je n'ai jamais réussi à avoir une confiance totale en quelqu'un ni à m'autoriser à aimer complètement car la peur d'être déçue et blessée était omniprésente.

C'est pour cela que j'ai toujours fait en sorte de m'imposer des barrières psychologiques afin de ne pas me laisser complètement aller. Cela ne me faisait pas de bien du tout car j'étais toujours sur mes gardes. Je me posais constamment des questions. Je n'étais tout simplement pas sereine.

C'est à partir du moment où j'ai coupé les ponts avec autrui pour m'enfermer dans la solitude que j'ai pleinement ressenti ce vide, ce manque d'amour que j'avais et que je n'ai pas su combler. J'ai compris que ce manque de confiance envers les autres et ce manque de lâcher prise était dû au fait que je n'avais pas vraiment une bonne relation avec moi-même. *Mais comment donner aux autres ce que l'on ne possède pas soi-même ?*

Pour combler ce manque profond, j'ai tout d'abord compris qu'il fallait que je me libère totalement de l'emprise des autres afin de me concentrer sur ma propre personne.

Cette écoute attentive envers mes besoins était indispensable. Je me suis autorisée à me complimenter et à me porter un regard doux et bienveillant. Cela m'a permis d'avoir beaucoup plus d'assurance. Petit à petit, j'ai su que

j'avais la capacité de trouver une solution face à une situation qui me posait problème. Le fait d'atteindre les objectifs que je me fixais m'a apporté une réelle satisfaction ; Ce qui m'a motivée à ne rien lâcher et à continuer.

À partir de ce moment-là, j'ai commencé à ressentir une envie intense d'apprendre de nouvelles choses afin de mûrir et de gagner en connaissances. Je ne voulais plus faire de sur place en me reposant sur mes acquis. Je voulais progresser, aller de l'avant, balayer le passé et faire de mon présent une page blanche sur laquelle je pouvais écrire ce que je voulais sans que personne n'y interfère. J'aspirais à devenir une personne inspirante à mon tour.

Je me suis permise d'avoir une certaine sensibilité et vulnérabilité et c'est à partir de cette acceptation que j'ai progressivement aimé cette partie de moi que je ne voulais pas auparavant. L'estime de soi impacte profondément un grand nombre d'éléments. L'estime de soi, c'est avoir une bonne opinion de sa personne tout en sachant que nous ne sommes pas parfaits et que nous ne le serons jamais. J'ai compris que pour augmenter cette estime, il fallait que

j'agisse en accord avec mes valeurs. La diminution de celle-ci peut être la cause d'attentes trop importantes que l'on se fixe. C'est pour cela qu'il faut revoir ses attentes et ne pas se montrer trop exigeant.

Être indulgent envers soi-même tout en se remontant les bretelles lorsque l'on commence à se perdre est la clé.

De mon côté, mon estime était à zéro, car je trouvais que je n'avais pas agi en adéquation avec mes valeurs et je ne cessais de me le reprocher. Cette bonne estime te permettra d'atteindre la réussite, car tu auras un certain optimisme et une certaine motivation qui te permettront de ne reculer devant rien. Mais le plus important, c'est que tu saches que tu es, encore une fois, l'unique personne qui peut augmenter ou baisser cette estime. Accepte-toi, pardonne tes faux-pas et agis de sorte que ton comportement te plaise et te rende à nouveau fière. Rien n'est perdu !

Précédemment, je te conseillais de bien t'entourer, de fréquenter des personnes positives qui se montrent bienveillantes envers toi et surtout qui connaissent ta valeur, car leur implication dans cette quête peut être d'une grande aide. Pour ma part, la rencontre de certaines personnes a littéralement changé ma vie et m'a permis d'aller de l'avant.

Je tenais à t’écrire cette lettre…

Lorsque l’on s’est rencontrés, je cherchais à me connaître. On a appris tous les deux à nous accorder une certaine estime ainsi que des valeurs à travers nos échanges. On a vite compris que chacun remplissait le vide de l’autre. Tu as su m’apporter l’écoute ainsi que le réconfort dont j’avais terriblement besoin. Tu t’es concentré sur le fond de ma personne et non sur le superflu. Tu as su avoir les mots

justes afin que je puisse mettre en œuvre les causes pour me soigner. Tu n’as pas eu peur des mises en garde que je te faisais, car je voulais que tu saches dans quoi tu t’engageais et que j’étais une femme compliquée, abîmée et surtout tétanisée. Je ne voulais pas déteindre sur ta pureté. Je t’avais dit que je me sentais bien dans mon malheur. Cela t’a révulsé et tu m’as promis que tu m’accorderais un tant soit peu de bonheur, car tout le monde mérite d’être heureux un moment dans sa vie. Tu as su faire preuve de patience, de douceur, de gentillesse, de compréhension, mais surtout de beaucoup d’écoute et d’attention en essayant de toujours te mettre à ma place afin de me comprendre. De par tes paroles et ton comportement, tu m’as fait prendre conscience de ma valeur, car tu voyais tout le bon en moi et tu voulais éperdument que je le vois à mon tour. Tu m’as aussi permis de prendre conscience de ce que je méritais, notamment le fait d’être heureuse, et par ta cause, je le suis aujourd’hui.

Chaque jour, tu es à mes côtés et c’est le bonheur complet. Je ne cesserai de remercier Le Seigneur des mondes de ta présence, car tu es l’apaisement de mon cœur. Sans toi, cela aurait été tout autre. Merci d'avoir su être là pour moi quand il le fallait et de toujours l'être.

Merci d'être la personne aussi extraordinaire que tu es. Merci de me combler et de m'apporter un certain épanouissement et réconfort psychologique. Merci de ne pas m'avoir considérée comme acquise. Merci de continuer à prendre soin de moi et de veiller à ce que je me porte toujours bien.

Merci de veiller à entretenir notre relation et à communiquer avec moi. Et surtout, merci de m'avoir prouvé que je pouvais avoir confiance en quelqu'un. Tu es l'épaule sur laquelle je me repose et qui ne rend aucune épreuve insurmontable. À tes côtés, je ne baisserai jamais les bras, car tu fais ressortir le meilleur de moi. Je te promets à mon tour de veiller à toujours prendre soin de toi.

Pour toujours et à jamais, tu seras le mari tant inespéré.

Je t'envoie toute ma reconnaissance, ma tendresse et mon amour.

Ta femme.

« Sois reconnaissant envers les gens qui te rendent heureux. Ils sont les jardiniers qui font fleurir ton âme. »

Marcel Proust

Ouvre-toi au bonheur, sois heureuse

= état de pleine satisfaction.

La fin approche et j'aimerais m'adresser complètement à toi : je veux que tu comprennes que tu peux te reprendre en main. Certes, cela paraît compliqué, mais en réalité, c'est une tout autre histoire...

Accorde-toi du temps uniquement pour toi-même afin d'entreprendre des choses que tu aimes, qui te font du bien et qui te boostent. Prends ton temps afin d'éviter l'épuisement et ne pas te sentir submergée. Éloigne-toi de cette agitation quotidienne. Il faut que tu te ressources régulièrement pour entretenir ton moral et empêcher le fameux burnout. Tu en as le pouvoir et la capacité. Il faut que tu t'en persuades, parce que c'est le cas. N'écoute pas ceux qui diront l'inverse. Ils ne méritent pas ton attention.

Libère-toi des dépendances émotionnelles pour te reconnecter à tes propres émotions. Entoure-toi de personnes bienveillantes, positives, à l'écoute, empathiques, compréhensives et surtout, des personnes qui veulent t'aider et qui veulent que tu t'épanouisses sans vouloir te contrôler ni te changer. Ne te compare plus aux autres. Il n'y a rien de plus beau que l'imperfection et ta différence est ta force. Délaisse la forte consommation des réseaux sociaux pour te reconnecter à ta personne et au monde.

Écoute-toi et écoute ton corps. Cesse les reproches et les regards malveillants envers toi-même. Agis envers toi-même comme tu aimerais agir envers ton enfant. Conseille-toi comme tu le conseillerais. Rassure-toi comme tu l'aurais rassuré. Aime-toi comme tu aurais aimé qu'il s'aime. Sois l'enfant que tu aimerais que ton enfant devienne.

Ne désespère pas. Garde foi et espoir. Si tu crois en notre Seigneur, alors fais-Lui confiance, car Il ne te décevra

jamais. Il est constamment près de toi alors n'aie pas peur de vivre. N'aie pas peur de l'avenir. Concentre-toi sur ton présent et sur ce que tu peux y changer. N'oublie pas que le bonheur parfait n'existe pas. Il se peut que tu te sentes parfois mal et c'est totalement normal. Ne t'inquiète pas et garde en tête que tout est passager et que derrière chaque hiver se trouve un beau printemps. À toi désormais d'entreprendre les moyens qui t'aideront à t'en sortir.

Agir est ta meilleure arme. Sers-toi de celle-ci en ayant confiance en ton Seigneur et en réalisant les actions nécessaires. N'oublie pas non plus d'avoir de la gratitude et de la reconnaissance pour ce que tu as. Cela te permettra d'éviter l'insatisfaction. N'oublie pas que la reconnaissance amène l'augmentation.

Te montres-tu assez reconnaissante pour les bienfaits dont tu jouis au quotidien ? À toi de répondre à cette question...

Prends de bonnes habitudes et délaisse celles qui sont néfastes pour toi. L'objectif étant de ne plus perdre ton temps inutilement. Sois donc rigoureuse ! Il te faut mettre en place une routine de vie qui te convienne, qui soit en accord avec tes valeurs, tes besoins et tes objectifs. Prends le temps d'effectuer très régulièrement une introspection, de te connecter à ton corps, à tes émotions, de te questionner sur ce que tu ressens afin de mieux appréhender les choses. Accorde-toi un moment de méditation chaque jour afin de relâcher toute la pression que tu as pu accumuler au cours de ta journée et chaque soir, prends le temps de méditer sur ta personne. Qu'as-tu accompli ? Sur quels points peux-tu t'améliorer ?

N'oublie pas de faire du bien autour de toi car cela t'apportera une grande satisfaction et tout le bien que tu sèmes te reviendra. Si tu as l'occasion d'apporter de l'apaisement aux autres, fais-le, car cet échange sera bénéfique pour chacun de vous.

Lorsque tu te sens déprimée, triste ou encore dans une période difficile, n'aie pas peur de demander de l'aide aux bonnes personnes afin d'obtenir du soutien et du réconfort, ce qui t'aidera grandement.

N'oublie pas de respirer et de prendre soin de ton intérieur comme de l'extérieur. Deviens une personne inspirante à ton tour et veille à préserver ton bonheur et à le cultiver.

Le plus important est que chaque jour soit une avancée vers la paix intérieure. Donne-toi de la valeur et sache que rien n'est impossible. Libère-toi de ces limites qui te contraignent et fonce vers l'apaisement et la floraison de ton cœur.

Un soir de plus qui finit avec un sourire rayonnant,
Mes yeux éclatant de joie ne voulant cesser de pétiller,
L'espoir me gagne davantage chaque jour.
Il se nomme Z et il m'emporte vers un monde empli de joie et d'amour.
Le pire est passé, le meilleur reste à venir.
Ce cœur qui auparavant criait et pleurait,
Aujourd'hui en est tout autre.
Je n'aurai jamais pensé que cela puisse arriver !
Comme quoi, tout peut s'arranger.
Il suffit de garder la foi, de prier et d'aimer…

Je me bats chaque jour

« Il faut se battre pour le bonheur ! »

J'ai hésité avant d'écrire cette partie car je voulais te faire part de mes émotions plus en détail, mais cela revient à me mettre encore plus à nu face à toi et tu sais comme j'ai du mal avec cela. Si tu me lis, c'est que je suis sortie de ma zone de confort...

Au fil de l'écriture, je me rends compte que tout le mal que je ressentais il y a quelque temps, aujourd'hui, je le ressens beaucoup moins. Cependant, il m'arrive toujours d'être dans des états de souffrance et de détresse psychologique, de n'avoir envie de rien et de juste vouloir dormir, mais cela est humain.

Quand j'y repense, je me dis que ce qui a accentué davantage ce gros chagrin, c'est le fait de me sentir mal-aimée. Je pense qu'au fond, j'ai toujours eu cette impression due au fait que je ne me suis jamais sentie réellement acceptée pour la personne que j'étais. On m'a toujours fait des reproches et des critiques : « Sois plus ceci, sois moins cela. Comporte-toi de telle manière, fais les choses ainsi... » On n'a jamais réussi à me comprendre totalement et encore moins à compatir avec les émotions que j'ai pu ressentir.

Le fait d'être hypersensible n'a jamais été accepté et compris autour de moi parce que personne ne ressentait les choses comme moi et personne n'a voulu se mettre à ma place. Je pense que c'est ce qui a contribué au fait d'avoir mis en sourdine mes émotions. Je me suis forcée à ne plus rien ressentir, car ce rejet que je vivais aggravait les choses et je n'arrivais plus à le supporter.

Quand je t'en parle, l'émotion est présente. La boule à la gorge, les yeux qui brillent, le nez qui pique et qui coule... Je ne suis pas totalement sortie de cet état et je ne pense pas en sortir un jour complètement car cela fait partie de moi. Ce n'est pas pour autant que je me laisse aller dans ce mal-être parce que l'acceptation et le pardon m'ont aidée à ne plus replonger dans certaines émotions négatives. Je veille à ne plus me laisser submerger par ce sentiment d'hypersensibilité. Je ne prends plus cela comme un fardeau, mais comme une force. J'ai compris qu'il fallait que j'évacue les émotions au lieu de les garder en moi par le biais de la communication et c'est avec mon mari, qu'aujourd'hui, je vide mon cœur pour aller mieux parce qu'il sait faire preuve d'écoute, de compassion et d'empathie, ce qui me réconforte et me rapproche de lui.

J'essaye de canaliser cette hypersensibilité malgré le fait que je pleure souvent. Je me sens souvent très mal et seule, mais cela ne dure jamais trop longtemps car je sais maintenant qu'il faut évacuer pour éviter d'accumuler et d'exploser. Exprimer ses émotions est la clé de la liberté.

Pour tout te dire, je souffre encore de ce sentiment d'être « mal aimée », de se sentir « jamais assez » parce que tout ce que tu fais n'est pas suffisant et ne le sera jamais. Encore une fois, ce sentiment de ne pas être « assez », rejoint l'estime de soi. Lorsque j'ai ressenti à maintes reprises que mes agissements n'étaient pas suffisants, qu'il en fallait toujours plus, cela a engendré une énorme baisse d'estime de moi. Pourtant, je savais que je donnais le meilleur de moi-même et que les résultats étaient satisfaisants. Mais pour « eux », cela ne l'était pas et ils ne se sont jamais rendu compte de l'impact de leurs comportements et de leurs mots à mon égard. Aujourd'hui, je n'en suis pas totalement guérie car tu ne peux aller totalement mieux dans l'environnement qui t'a rendue malade. Je vis encore dans cet environnement et j'espère que j'en sortirai bientôt.

Je te demanderai de faire très attention à ce que tu dis, car on se rend rarement compte de la portée de nos paroles. Une fois que c'est dit, c'est fini. On ne mesure pas ce que cela peut provoquer. Les mots peuvent vite devenir destructeurs alors je t'en prie, fais attention à la manière dont tu dis les choses. Utilise la gentillesse qui somnole au fond de toi dans tes paroles et montre-toi toujours bienveillante, car ton comportement peut contribuer à faire du bien sans que tu ne t'en rendes compte. On a tous une part de responsabilité sur le bien-être psychologique de l'autre. Comprends-le et ne l'oublie pas.

Également, il faut se mettre en tête que l'on ne peut pas mesurer la douleur de quelqu'un car on est à l'extérieur de lui. On n'a aucune légitimité à juger ce qu'une autre personne peut ressentir. On ne peut pas mesurer les degrés de la souffrance d'autrui. Seuls nous-mêmes, pouvons le faire. Tout ce que l'on peut faire est d'accepter la souffrance de l'autre, essayer de la comprendre, mais surtout, tout faire pour l'aider si c'est possible. Cela, je ne l'avais pas compris. Lorsque je remarquais qu'autour de moi cette souffrance paraissait « exagérée » à leurs yeux. Je me remettais en question alors que je savais que ce n'était pas le cas et que je souffrais réellement à cette intensité-là. D'où l'importance de ne pas écouter le jugement des autres lorsqu'il s'agit de ce qu'il se passe à l'intérieur de nous, et de se concentrer plutôt sur ce que l'on ressent.

Pour poursuivre, le manque de reconnaissance, le manque d'encouragement, le manque de confiance à mon égard m'ont beaucoup affectée, surtout lorsque je voyais que l'effort que je faisais ne suivait pas du côté d'autrui. Cela m'a fait beaucoup de peine. Malgré tout, j'ai gardé cet espoir qu'un jour les choses changent, ce qui fait que je me remotive à chaque fois même si finalement, le résultat reste toujours le même et que la déception et la tristesse se font encore plus présentes.

Plus j'y réfléchis, et plus je me dis qu'il y avait aussi ce sentiment de se sentir de trop, pas à sa place, pas voulue. C'est pour te prouver que la connaissance de soi est sans limite puisque quelques mois après le début de ma propre rencontre, je découvre encore de nouvelles choses à mon propos. Personne ne mérite de ne pas se sentir à sa place. Personne ne mérite de se sentir de trop ou encore comme si notre existence ne servait à rien, puisque personne ne veut réellement de nous… C'est comme ça que j'ai ressenti les choses mais que je les ai camouflées, car c'était beaucoup trop difficile à accepter et à affronter. Je n'avais pas assez de force pour cela, mais comme tu le sais déjà, il a fallu le "déclic" indésirable pour que je l'affronte.

Aujourd'hui, ce que j'ai apporté à ces multiples émotions et sentiments, c'est que je me suis détachée des autres. Ce gros manque que je ressentais au fond de moi, je ne le comble plus par autrui.

En revanche, je prône toujours la solitude, car c'est un apaisement pour l'âme. Cependant, il demeure nécessaire de maintenir une balance seine. Pivoter entre solitude mais aussi compagnie bénéfique, là voici la solution. S'entourer de personnes correctes est tout aussi important ; il suffit juste de savoir faire la part des choses. Il est important de ne pas rester tout le temps seul et de ne pas non plus être tout le temps entouré. L'être humain a besoin de vaciller entre ces deux points. Une fois de plus, tout est question de juste milieu.

Tout ce que je te dis dans ce récit me permets de me rendre compte que je ne me connais pas encore totalement. Finalement, tant que je ferai des efforts et que j'aurai la volonté de me connaître, j'apprendrai encore plus. Cette quête de connaissance dure toute une vie.

Aujourd'hui, je vais beaucoup mieux que l'année dernière. Le plus important est que lorsque je regarde derrière moi, je me dis qu'aujourd'hui est un jour meilleur et je m'apporte quelque chose chaque jour qui passe. Le pire est passé. Le meilleur reste à venir, je l'espère. À moi de faire en sorte d'aller mieux, progressivement, sans précipitation et sans impatience.

Après toutes les épreuves surmontées, j'ai compris que tout ce dont j'avais besoin au fond, c'était qu'une personne, juste une, soit là pour moi. Une personne qui me dise que je ne suis pas seule, qui me cajole, qui me dise qu'elle est à présent là pour moi et que je n'ai plus à endurer tout cela toute seule, comme j'ai pu le faire auparavant. C'est dur, très dur, de faire ses preuves et de grandir par soi-même, d'apprendre la vie par son propre biais et d'encaisser des erreurs dévastatrices parce qu'on ne connaît pas les conséquences de celles-ci.

C'est difficile, car un jour ou l'autre, cette solitude et cette indépendance pèsent un peu trop et le manque d'amour se fait beaucoup trop ressentir. Nous avons TOUS besoin d'être aimés et soutenus. S'il vous plaît, soyez là pour ceux que vous aimez. Montrez-leur votre amour par des paroles, mais aussi par des actes. Cela peut sauver beaucoup de vies.

Depuis quelques semaines, j'écoute des podcasts. Assez régulièrement, je prends le temps pour cela afin de m'apporter une certaine évolution ainsi que des connaissances. J'ai appris beaucoup de notions qui me servent au quotidien. Notamment, le fait de ne plus dénigrer les émotions négatives, mais de comprendre qu'elles sont vitales et qu'elles veulent me faire passer un message. C'est à moi de le comprendre et de bien l'appréhender. Je te donne l'exemple de la colère : généralement, les personnes refusent ce sentiment, car elles ont honte d'en parler ou elles sont dépassées par ce sentiment, mais si l'on assimile bien ce que la colère veut nous faire comprendre, que l'on ne soit pas d'accord avec une chose et que cela nous révolte ou non, alors les choses deviennent plus simples à partir du moment où l'on communique cette colère sans violence et avec un minimum de contrôle. J'ai aussi appris que comprendre le monde revient à se comprendre soi-même. Je me suis promis de m'engager envers moi-même, d'être là pour moi, de me réconforter, de m'apporter de la tendresse et de la douceur en priorité afin de pouvoir être correctement présente pour ma personne, mais aussi pour les autres. C'est bien connu, on ne peut donner ce que l'on ne possède pas.

Je me suis imposé une routine ayant pour but l'épanouissement et l'apaisement. Par exemple, chaque jour, sans exception, je me fais une liste de tâches à réaliser :

j'alterne entre apprentissages religieux et d'autres domaines afin de me divertir. Je donne à chaque apprentissage une partie de mon temps. Encore une fois, tout est question de juste milieu. Il est cependant important de ne pas négliger l'apprentissage religieux avant toute chose.

En voici quelques exemples :

- Lecture. J'alterne entre livres religieux et livres visant à acquérir des connaissances multiples. Il ne faut pas hésiter à diversifier ses lectures !

- Écoute et méditation du noble Coran ainsi que de podcasts afin d'étoffer mes connaissances ;

- Suivi de cours universitaires et religieux ;

- Balades pour aérer mon esprit.

Ne pas hésiter à inclure des actes surérogatoires en plus des obligatoires afin de se rapprocher d'Allah. Par ce biais, on se rapproche davantage de Lui et on se sent de mieux en mieux !

P-S : Je tiens à préciser qu'il n'y a pas de mal à se divertir tant que cela est fait dans les limites du licite. Trouve ce que tu aimes faire et développes tes centres d'intérêt ! La paresse et l'inactivité ne font pas partie de notre noble religion. De plus, l'inactivité mène à la réflexion, qui elle-même peut mener au chagrin et aux pensées néfastes.

Chaque jour, j'ajoute des petites nouveautés afin de progresser. Figure-toi que ce n'est pas du tout pénible, bien au contraire. À chaque fin de journée, je me réjouis de tout ce que j'ai appris et entrepris, car étant une personne qui déteste perdre son temps, le fait d'être extrêmement productive lors de mes journées me rassure et m'apaise beaucoup.

Aujourd'hui, je me sens bien. Certes, je pleure encore très souvent, je ressens toujours une part de vide, une solitude non comblée, mais j'accepte de vivre avec et je me bats chaque jour afin que le lendemain soit un meilleur jour, un jour qui m'aura fait davantage progresser. Je suis en train de devenir la meilleure version de moi-même et j'en suis tellement fière.

Désormais, c'est à ton tour d'agir. Si j'y suis arrivée, tout le monde peut le faire.

J'espère que mon témoignage t'aidera, car cela me tenait réellement à cœur de transmettre de l'espoir et du courage à travers ce livre, car tout le monde peut s'en sortir. Je voulais aussi que tu comprennes que tout n'est pas tout blanc ou tout noir. Tu ne peux pas être heureuse sans être triste quelquefois et inversement. La vie est ainsi faite alors n'aie pas peur si tu as des coups de blues, car cela arrive. Le plus important est que maintenant, tu saches comment faire face à cette douleur afin de la surmonter. Comprends bien que tu as la capacité et les qualités pour changer ce qui te déplaît avec Sa permission.

À toi d'agir pour devenir celle que tu veux être et pour avoir la vie que tu veux. Tu peux le faire et je suis sûre que tu vas le faire, car tu es une battante. Ne l'oublie pas.

Sois vraie ! Sois authentique !

Quand on se perd soi-même, on perd tout en même temps…

Chère âme éprouvée,

Je tiens tout d'abord à te faire savoir que je compatis avec ta souffrance, ne te sens donc plus seule. Tu n'es plus obligée de porter ce poids de chagrin seule. Je suis là pour le partager avec toi. Je ne sais pas ce qu'il a pu se passer pour que tu arrives un jour à ressentir tant de détresse. Ce qui importe, c'est qu'aujourd'hui, tu t'en défasses.

"Ta sensibilité et ta vulnérabilité sont ta force et font de toi un grand cœur rempli d'amour à dépenser." Ces mots, ce sont ceux que tout le monde aimerait entendre durant certains moments douloureux. Sensibilité et vulnérabilité, quelles belles qualités n'est-ce pas ? Alors, ne les renie plus, car elles sont un bien pour toi. J'imagine que toi aussi, il t'arrive de pleurer souvent parce que la souffrance est trop grande pour se taire ; laisse les larmes couler, laisse-les s'épuiser. Au fond, peu importe l'origine de ta douleur, cela ne peut te faire que du bien d'extérioriser ce chagrin. Ce mal-être ne durera pas. Je te promets qu'un jour, tout cessera et que ces larmes se feront balayer par un grand sourire rayonnant. Tout cela sera du passé et cela te rendra fière de voir que tu as su surmonter cette douleur en toi.

Utilise le courage et la force qui somnolent au fond de toi. Tu peux le faire, tu peux stopper tout ça. Fais-moi confiance, la délivrance est proche. Il faut que tu sois confiante pour réussir à combattre cette mauvaise période. Je sais que souvent, tu te sens découragée et épuisée car tu as l'impression que tes efforts ne servent à rien, mais sache que c'est lorsque l'on n'en peut plus, qu'on est proche de la fin. Tu peux le faire et tu dois le faire ! Le bonheur t'attend.

Ne t'afflige plus. Laisse-le s'ouvrir à toi. Tu sais, je connais la difficulté d'agir et de trouver les bons moyens pour s'en sortir, mais c'est à force d'essayer et de persévérer que tu trouveras ta voie. Personne ne mérite de rester dans la souffrance. J'espère que tu ne te persuades pas du contraire, car tu mérites d'être heureuse.

Tu sais, tout est le résultat d'un état d'esprit. Lorsque tu commences à penser positif, tu perçois la vie d'une manière différente. Il n'y a plus de problèmes, que des solutions. Cette perception positive de la vie t'amènera à penser qu'elle est belle et le sera toujours jusqu'à ce que tu t'en persuades. Je t'en prie, éloigne-toi du pessimisme et fais taire ces mauvaises pensées qui t'empêchent d'avancer. Si tu penses que demain sera un jour meilleur, il le sera quoi qu'il puisse se passer.

Si tu es de confession musulmane, ne néglige pas les invocations du matin et du soir, car elles sont une protection. Plus tu œuvreras pour satisfaire Allah et plus Il te facilitera.

Les épreuves ne sont pas là pour t'affaiblir, mais pour te rendre plus forte ! Fais les causes et fais confiance au Seigneur des mondes. Ce n'est qu'une question de temps. S'il te plaît, ne perds pas patience, car derrière chaque grande patience, se trouve une énorme récompense.

Je te transmets tout mon courage, ma compassion, mon empathie, ma reconnaissance ainsi que mon affection.

Sois forte, tu y arriveras !

Avec tout mon amour,

Lilya B.F / douceurandsabr

Que la douceur imprègne ton âme

J'aimerais te partager quelques écrits qui, je l'espère, te satisferont. Ces douces paroles seront à retrouver dans mon prochain livre qui sera disponible sur amazon.

Il t'est sûrement déjà arrivé de te réveiller un matin avec cette sensation de vide profond.
Ne ressentir aucune émotion, n'avoir envie de rien, seulement de dormir, comme si la vie n'avait plus de saveur et ne valait plus la peine d'être vécue…
Dans ces moments-là, veille à te raccrocher à Allah de toute force.
Fais de la prière ton refuge et ne cesse jamais de demander à Notre Seigneur de te faciliter.
C'est un sentiment passager qui disparaîtra totalement avec le temps. Alors n'aie pas peur, car tout finira par s'arranger, il suffit de patienter.

Qu'Allah augmente ta patience et apaise ton petit cœur.
آمين

Sais-tu qu'Allah ne t'a rendue triste que pour te rendre heureuse ?

Il ne t'attriste jamais sans que ne surgisse un grand bien.
Les épreuves les plus difficiles que tu as vécues ne sont pas une cause d'anéantissement, mais sont destinées à raffermir ta foi.
Rends-toi compte qu'Il t'éprouve pour que tu te rapproches de Lui.
Ton Seigneur t'aime, n'en doute jamais et ne l'oublie pas.

Que le Très Haut fasse de ta tristesse une immense joie.
آمين

Les belles âmes finissent toujours par rendre le mal qu'elles reçoivent par le bien.
Telle est l'âme douce, elle ne se laisse pas assombrir par la méchanceté des autres.

Est-ce ton cas ?

Il n'est jamais trop tard pour adoucir ton âme en purifiant ton cœur.
L'amour que l'on n'a pas su te donner, transmets-le à ton tour. Cela nourrira certainement ce profond manque au fond de toi.

Que le Très Grand fasse de ton âme un havre de paix.
آمين

L'œil pleure lorsque l'âme souffre.
Il se peut que tu te sentes seule et désemparée face à cette souffrance qui t'habite.
Les mots ne peuvent décrire les maux qui te hantent sans arrêt.
Sache que dans cette épreuve, Ton Seigneur ne t'a ni délaissée ni abandonnée.
Il t'éprouve parce qu'Il t'aime.
Repens-toi à Lui. Invoque-Le afin que cette tristesse soit une expiation de tes péchés.

Que le Très Miséricordieux te rapproche de Lui à travers cette tristesse.
آمين

Sois la personne que tu veux être, celle que tu aspires à devenir. Tu en as le pouvoir et la capacité !
Tu dois juste le comprendre et l'accepter.
Ne gâche pas cette beauté qui somnole en toi. Laisse-la fleurir pour te rendre resplendissante.

Un témoignage si précieux

Avant de conclure ce livre, je tiens à te faire part d'une lettre qui m'a particulièrement touchée, celle d'un être très cher. Sois attentive à ce qu'il transmet, car cela peut t'être bénéfique.

La souffrance n'était qu'un bref combat...

Qu'est-ce que le mal-être ?

Il est vrai qu'il y a quelques années, je ne connaissais rien de ce qu'était le mal-être.

Tout individu, homme ou femme, passe par des moments compliqués. La solitude, la tristesse et l'anxiété sont des émotions faisant partie intégrante de notre vie. Mais le vrai mal-être, c'est lorsque l'issue semble longue et interminable. C'est donc le temps qui aggrave ce sentiment de tristesse en état dépressif.

C'est ce que j'ai compris après t'avoir connue.

Tu étais une femme profondément blessée, une personne qui ne croyait plus au bonheur. Je n'ai pas eu besoin de t'écouter pour le comprendre car de ce que j'ai pu comprendre, ce sont les personnes qui souffrent le plus qui en parlent le moins.

Souvent, c'est l'intention qui compte : faire passer sa propre personne après celle qui est en face de nous. Mais pour cela, il faut vouloir l'écouter, vouloir son bien, vouloir la comprendre et vouloir l'aider.

Ce que j'ai compris avec toi, c'est que souvent, le mal-être provient de la peur d'être éternellement incompris. Et puis, sans forcément le vouloir, on en tire des leçons. Tu m'as appris que derrière certains sourires se cachaient parfois des peines. Tu as su me faire confiance et c'était ta plus grande peur.

Comment refaire confiance lorsqu'un cœur est abîmé ?

« Seul le temps fera les choses », c'est une phrase que l'on aimait se répéter. En vérité, ce n'est pas uniquement le temps qui fait les choses mais surtout la patience. Ne jamais désespérer de la clémence de notre Seigneur car derrière chaque épreuve, se trouve un grand chemin. Grâce à toi, je sais à présent à quel point certaines personnes sont coincées dans un malheur qui ne semble jamais cesser.

Mais il faut garder espoir sans cesse et redoubler d'efforts, notamment en patientant. Il faut être capable d'en parler avec les bonnes personnes. Chaque être humain sur terre trouvera sa voie un jour ; peut-être par le biais d'une rencontre ou d'un événement qui se produira. Mais aucune personne n'est vouée à rester triste éternellement, c'est une certitude.

Comme j'ai rencontré cette femme, toi qui lis ce témoignage, tu trouveras ton chemin. Et sache que derrière chaque souffrance, il y a un réel combat qui t'attend. Et sache aussi que la vie est faite de hauts et de bas et ce, durant toute ton existence.

Nous avons été créés pour un but précis et combien de personnes avant nous ont enduré pour l'atteindre. Il faut relever la tête et garder la foi. Toute chose est amenée à disparaître, même les difficultés que tu traverses. Le temps passe trop vite pour le laisser filer, place ta confiance en Allah et tout ira mieux à l'avenir…

Ces livres qui font du bien !

Mode d'emploi pour être heureux - Sheikh As Sa'di

Les Maladies Psychologiques - Dr 'Ait M'hammed Moloud

Les Maladies du Cœur - Ibn Taymiyyah

La Voie Du Bonheur, d'Ibn Qayyim Al-Jawziyya, Commentaire De Muhammad Amân Ibn 'Ali Al-Jâmi

Péchés et Guérison - Ibn Al Qayyim

Podcasts que je recommande

- Le Manal Show
- « Une vie plus saine et sereine » de Chloé Bloom
- « Émotions » de Louie Media

Je tenais à remercier toutes les personnes qui ont contribué à l'écriture de ce livre.
Toutes mes sœurs au grand cœur ainsi que mon mari. Un grand merci à vous, ainsi qu'à la douce et tendre sœur qui a procédé à la correction.

Voici son contact : servicedecorrection1@gmail.com
Mise en page de Oumma correction
(oumma-correction@outlook.fr)

Mon mail : contactprolbf@gmail.com
Mes réseaux sociaux : Douceurandsabr

Lilya B.F

Table des matières

Printed in France by Amazon
Brétigny-sur-Orge, FR

11561994R00068